# Kinder,
## könnt ihr mich hören?

Gott hören und sehen

Text von Brad Jersak
Bilder von Ken Save

Herausgeber der englischen Originalausgabe: Kevin Miller (www.kevinwrites.com)
Originalverlag: Fresh Wind Press, Kanada (www.freshwindpress.com)

Titel der englischen Originalausgabe: *Children, Can You Hear Me?*


Aus dem Englischen übersetzt von Dorothea Appel
Umschreibung der Bibelverse: Brad Jersak/Dorothea Appel



3. Auflage 2016

Umschlaggestaltung und Illustrationen: Ken Save
Satz/DTP: Jens Wirth/ASAPH
Druck: Finidr, CZ

Printed in the EC

ISBN: 978-3-935703-95-6
Bestellnummer: 147395

Für kostenlose Informationen über unser umfangreiches Lieferprogramm
an christlicher Literatur, Musik und vielem mehr wenden Sie sich bitte an:

Fontis Media GmbH, D-58478 Lüdenscheid
E-Mail: fontis@fontis-media.de – www.fontis-shop.de

# Kinder, könnt ihr mich hören?

## Gott hören und sehen

Text von Brad Jersak
Bilder von Ken Save

Für Stephen, Justice und Dominic

Jesus hat gesagt: „Lasst die Kinder zu mir kommen.
Steht ihnen nicht im Weg, denn das Himmelreich gehört
den Leuten, die gerade so sind wie sie."

– Matthäus 19,14

# Wie man dieses Buch lesen kann

*Die Jünger fragten Jesus einmal: „Wer ist der Größte in Gottes Reich?“ Jesus rief ein kleines Kind zu sich. Dann sagte er: „Ihr müsst euch erst ändern und wie kleine Kinder werden, sonst kommt ihr noch nicht einmal in das Himmelreich hinein. Und ganz sicher werdet ihr darin nicht der Größte, wenn ihr nicht so einfach seid wie dieses Kind. Wenn ihr solche Kinder gerne aufnehmt, dann nehmt ihr mich gerne auf.“*

Matthäus 18,1-5

Neulich nahm mein sechsjähriger Sohn Dominic mein erstes Buch – *Kannst du mich hören? Auf Empfang sein, wenn Gott redet* – mit zur Schule. Es ist zwar für Erwachsene geschrieben, aber trotzdem las Dominic seiner Klasse die erste Seite vor, als die Kinder etwas zum Unterricht mitbringen und den anderen zeigen durften. Kurz danach lud er mich zu einem besonderen gemeinsamen Mittagessen ein und teilte mir mit, es sei an der Zeit, dass ich eine Kinderausgabe dieses Buches schriebe. Bis zum folgenden Mittag kamen unabhängig voneinander auch noch zwei Erwachsene mit derselben Bitte auf mich zu. Meine Antwort halten Sie in den Händen.

Dieses Buch lässt sich auf unterschiedliche Weise einsetzen. Zunächst einmal können Sie es ganz einfach mit Ihrem Kind in einem Stück durchlesen. Aber Sie werden auch bemerken, dass jede Seite für sich als tägliche Kinderandacht mit einer umschriebenen Bibelstelle dienen kann. Wenn Sie das Buch ein paarmal in einem durchgelesen haben, möchten Sie es vielleicht noch einmal lesen, diesmal aber bei jeder Seite eine Pause einlegen und sich über das jeweilige Thema unterhalten. Ermutigen Sie die Kinder, sowohl Ihnen als auch Gott Fragen zu stellen.

Die meisten Seiten eignen sich auch als Übungen zum „hörenden Gebet“. Eine handelt zum Beispiel davon, wie man Gott in seiner schönsten Erinnerung begegnet. Um daraus eine Übung zum hörenden Gebet zu machen, sagen Sie den Kindern, sie sollen die Augen schließen und sich das vorstellen, woran sie sich am liebsten erinnern – alles, was es da zu sehen, zu hören und zu schmecken gab, auch die Gerüche, die sie mit dieser Lieblingserinnerung verbinden. Wenn sie das ganze Bild vor ihr geistiges Auge gemalt haben, sollen die Kinder Jesus in diesem Bild suchen und dann Ihnen sagen, was er tut oder spricht. Fordern Sie die Kinder auf, zu ihm zu gehen und mit ihm wie mit einem Freund umzugehen.

Meine Frau Eden und ich haben alle diese Übungen häufig mit unseren Kindern durchgeführt. Gott antwortet immer wieder auf neue Weise, und jeden unserer drei Jungen verbindet eine wachsende Freundschaft mit ihm. Sie lernten, Gottes Stimme zu erkennen, so wie man die Stimme eines guten Freundes kennt.

Schließlich habe ich dieses Buch auch für den kleinen Jungen oder das kleine Mädchen in Ihnen geschrieben – den, der es nötig hat zu hören, was Jesus seinen Kindern sagt. Egal wie alt Sie sind, wenn Sie diese Botschaft als eifriges und williges Kind hören können, dann fassen Sie Mut! Möglicherweise treten Sie gerade in das Himmelreich ein!

## Kannst du mich hören, Kind?

Natürlich!
Rufe zu mir, und ich werde dir antworten.
Manche Leute nennen mich Gott oder Herr.
Andere nennen mich Jesus. Wie nennst du mich?

Du kannst zu mir rufen, indem du betest.
Beten heißt mit mir sprechen,
so wie du mit deinen Freunden sprichst.
Wenn du zu mir redest, höre ich dich und antworte.
Ich komme zu dir und zeige mich dir.

Das ist so ähnlich, wie wenn du etwas in die Schule mitbringst und den andern zeigst.

Rufe mich, dann will ich dir antworten und dir große und geheimnisvolle Dinge zeigen. Das wird dich überraschen!

– Jeremia 33,3

Normalerweise hörst du mich nicht mit den Ohren
und siehst du mich nicht mit den Augen –
allerdings, vielleicht gibt es da mal eine Überraschung …

Aber dein Herz wird mich sehen,
und dein Herz wird mich hören,
und dein Herz wird mich kennen.

Warum ist das so? Weil ich dich gemacht habe!

Jesus sagte: „Mein Vater liebt jeden, der mich liebt.
Ich liebe dich auch, und ich will mich dir zeigen."

– Johannes 14,21

Ich bete, dass die Augen eures Herzens aufgehen.
Dann werdet ihr sehen, was Gott euch schenken will.
Es ist wertvoll und herrlich, und es gehört euch.

– Epheser 1,18

MATHEMATIK

Dein Herz kann meine Stimme hören.
Wie hört sie sich für dich an?

Manchmal ist meine Stimme ruhig und leise
wie ein Wind, der sanft durch die Zweige streicht.
Sei ganz still ... Kannst du meine Stimme hören?

Manchmal ist sie laut und kräftig
wie der Donner beim Gewitter.
Hab keine Angst; ich bin ja gewaltig groß.

Ich spreche auf viele unterschiedliche Arten,
damit du mich so verstehen kannst,
wie es für dich genau richtig ist.

Wie hört sich meine Stimme gerade jetzt für dich an?

Gott redet wirklich, manchmal so, manchmal anders,
auch wenn du vielleicht nicht zuhörst.

– Hiob 33,14

Dein Herz kann mein Gesicht sehen.
Wie sieht es für dich aus?
Welchen Gesichtsausdruck erkennst du?

Wenn du in mein Gesicht schaust,
wirst du erkennen, wie sehr ich dich liebe.
Du wirst merken, dass es mir wichtig ist, wie es dir geht.
Du wirst merken, dass ich sehr gern mit dir zusammen bin.

Manchmal sehe ich glücklich aus. Frage mich, warum!
Es liegt zum Beispiel daran, dass ich dich toll finde
und froh bin, dein Freund zu sein.

Manchmal sehe ich traurig aus. Frage mich, warum.
Vielleicht bin ich traurig, weil ich merke, dass du traurig bist.
Aber wir können einander Mut machen!

Zeig mir dein Gesicht; lass mich deine Stimme hören,
denn deine Stimme ist wunderschön und
deine Augen sind voller Liebe.

– Hohelied 2,14

Normalerweise sehe ich fröhlich und freundlich aus,
niemals nervös oder verängstigt.
Ich bin nämlich stark und habe keine Angst!

Ich sehe nicht gefährlich oder furchterregend aus …
wenigstens nicht für dich.

Aber wenn das Böse kommt und dir wehtun will,
dann kann ich zornig werden.
Hab keine Angst.
Bitte mich einfach, dass ich mich darum kümmere.
Die Liebe sorgt doch für Menschen, nicht wahr?

Sieh immer auf Jesus mit den Augen deines Herzens. Er hat dir diese Herzensaugen überhaupt erst geöffnet, und er wird dir helfen, ihn eines Tages richtig gut zu erkennen.

– Hebräer 12,2

Wenn du betest, dann sprichst nicht nur du zu mir.
Wir sprechen miteinander.
Wir sind zusammen,
so wie du mit deinen Freunden zusammen bist.

Das gefällt mir so gut!

Komm zu mir und sprich mit mir.
Ich bin der beste Zuhörer, den es gibt.
Erzähl mir von deinem Tag.
Was hat dich glücklich gemacht?
Was hat dich traurig gemacht?
Kommst du in meine Arme?

Jesus sagte: „Ich nenne dich nicht meinen Diener,
sondern ich möchte, dass du mein Freund bist.
Mit den Dienern spricht man nicht über seine Geheimnisse,
aber mit Freunden schon. Ich nenne dich also meinen Freund,
weil ich dir alles erzähle, was mir mein Vater sagt."

– Johannes 15,15

Wir können überall zusammen sein,
denn ich bin immer bei dir.
Du kannst mir an allen deinen Lieblingsplätzen begegnen.

Sollen wir uns in deinem Kinderzimmer treffen?
Ich bin da. Kannst du mich sehen?
Vergiss nicht, deine Herzensaugen zu benutzen!
Was tue ich? Was sage ich?
Ich bleibe bei dir und leiste dir Gesellschaft.

Hast du ein Lieblingsversteck?
Da begegne ich dir auch.
Wir können zusammensitzen und einfach still sein –
oder sollen wir für den Tag geheime Pläne schmieden?

Gott, du bist immer vor mir und zeigst mir den Weg.
Aber du bist auch hinter mir und gehst mir nach.
Du bist immer nah genug, um mich an der Hand zu halten.
Das ist so unvorstellbar und toll – ich kann es kaum glauben.

– Psalm 139,5-6

POWER
GLIDER

Wenn du rausgehst, komme ich mit.
Ich bin bei allem dabei.
Gehst du in den Park? Da bin ich auch.
In die Schule? Da bin ich auch.
Kirche? Ja, sogar dort.

Es gibt eine Stelle, an die ich besonders gerne gehe.
Kommst du mit?
Mach mal die Augen zu …

Wohin ich auch gehe, immer finde ich dich.
Und wenn ich weglaufe, findest du mich immer.
Wenn ich bis zum Himmel hoch käme, wärst du da.
Wenn ich ganz tief in die Erde sehen würde, wärst du auch da.
Und wenn ich dahin fliegen könnte, wo die Sonne aufgeht?
Oder wenn ich bis auf den Meeresgrund schwimmen könnte?
Sogar da würde mich deine Hand sicher halten
und mir den Weg zeigen.

– Psalm 139,7-10

Begegne mir in deiner Fantasie.
In der Fantasie kann dein Herz einfach alles erschaffen!
Ich habe dir deine Fantasie gegeben.
Gefällt sie dir?

Du kannst deine Fantasie benutzen,
um über etwas Gutes oder Böses nachzudenken.
Aber ich will, dass wir uns in deiner Fantasie begegnen.
Deshalb habe ich sie dir gegeben.

Wenn du mit deiner Fantasie etwas bauen könntest,
wie würde es dort aussehen?
– Wow, das gefällt mir! Hier treffen wir uns!

Gott kann noch mehr tun, als ihr bittet oder euch vorstellt,
denn seine Kraft, die niemand messen kann, wirkt in euch.

– Epheser 3,20

Einer meiner Lieblingsorte ist dein Herz.
Kannst du das glauben?
In deinem Herzen, da wohne ich.
Es ist mein besonderes Zuhause.

Mach einmal die Augen zu.
Wie sieht dein Herz aus?
Für manche Leute ist es eine starke Burg,
für andere eine gemütliche Bude
oder ein wunderschönes Spielhaus.
Was siehst du?

Kannst du mich darin sehen?
Was tue ich? Was sage ich?
Was sollen wir machen?
Was sollen wir spielen?

Gott ist meine Burg. In ihm bin ich geschützt und sicher.

– Psalm 94,22

SORGEN
WUT
ANGST
SEGEN

Ich habe noch einen Lieblingsplatz,
und das ist mein Thronsaal.
Siehst du meinen Thron? Wie sieht er aus?
Siehst du mich darauf sitzen? Was habe ich an?

Guck mal! Auf meinem Schoß ist ganz viel Platz!
Komm zu mir und setz dich ein bisschen auf meinen Schoß.
Von hier aus sieht die Welt interessant aus.

Wow, guck mal alle diese Leute an!
Und die vielen Engel!

Lehne dich an mich.
Kannst du mein Herz schlagen hören?
Es schlägt voller Liebe für dich.

Als ich betete, sah ich einen Thron im Himmel,
und darauf saß jemand.

– Offenbarung 4,2

Erinnerst du dich an mein Kreuz?
Auch da kannst du mir begegnen.
Siehst du mich?

An meinem Kreuz kannst du gut deine Lasten abladen.
Eine Last ist alles, wodurch du dich schlecht fühlst.
Wodurch fühlst du dich schlecht?
Würdest du das gerne hier bei mir lassen?

Ich nehme dir alle deine Lasten ab, wenn du willst.
Mir fällt es viel leichter, sie zu tragen.
Überhaupt kein Problem.

Gibst du sie mir?

Lade alle deine Sorgen um Dinge und um Menschen bei Gott ab,
denn er sorgt für dich.

– 1. Petrus 5,7

Wir können uns auch auf einer großen Wiese treffen
oder an einem sprudelnden Bach.
Ich bin ein guter Hirte,
und du bist eins von meinen Schäfchen.
Wir können uns da zusammen ausruhen oder etwas spielen.

Was willst du machen?
Willst du im Gras liegen und die Wolken angucken?
Sollen wir auf der Wiese Fangen spielen?
Wir könnten auch im Bach herumplantschen.
Such dir was aus.

Gott kümmert sich um uns wie ein Hirte.
Er nimmt jedes Schäfchen auf seine Arme
und trägt es ganz nah an seinem Herzen.

– Jesaja 40,11

Wie wäre es mit einem Treffen im Garten?
Ich liebe Gärten. In einem Garten begann das Leben.

Welche Pflanzen siehst du?
Wie die Sonne durch die Blätter scheint!
Welche Farbe haben die Blumen? Wie riechen sie?
Und die Früchte? Pflück dir mal eine ab.
Wie schmeckt sie?

Entdeckst du mich zwischen den Bäumen?
Komm, wir spielen Verstecken!
Das gehört zu meinen Lieblingsspielen.
Wenn du mich suchst, wirst du mich bald finden.
Dafür sorge ich, versprochen.

Gottes Kinder werden sein wie ein Garten kurz nach dem Regen.
Sie werden nie wieder unglücklich sein.
Die Mädchen tanzen und freuen sich.
Auch die Jungen machen mit, sogar die älteren Leute.
Ich werde ihre Tränen in Lachen verwandeln.

– Jeremia 31,12-13

Wir können uns auch in praktisch jeder biblischen
Geschichte treffen.
Welche hast du am liebsten?
Daniel in der Löwengrube?
Jona und der Walfisch?
David und Goliath?
Oder wie ich auf dem Wasser gelaufen bin?
Kannst du die Geschichte in deinem Herzen sehen?

Versuche, in die Geschichte hineinzutreten.
Entdeckst du mich darin?
Was tue ich? Was sage ich?
Wo bist du in der Geschichte?
Bist du eine der beteiligten Personen?
Komm zu mir und rede mit mir.
Wir werden die Geschichte miteinander erleben.

In meinem Herzen verwahre ich dein Wort.

– Psalm 119,11

Ich kann dir in deinen Erinnerungen begegnen.
An was denkst du am liebsten zurück?
Kannst du es mit deinem Herzen sehen?
Ich war dabei. Entdeckst du mich?
Was tue ich? Was sage ich?

Was ist deine allerschlimmste Erinnerung?
Wie fühltest du dich?
Ich war auch dabei. Entdeckst du mich?
Was tue ich? Was sage ich?

Du kannst zu mir laufen.
Erzähl mir die ganze Geschichte.
Bitte mich um Hilfe.
Ich nehme dir auch diese Lasten ab.

Gott ist immer vor dir, und er geht überall mit dir hin.
Er wird dich nie verlassen oder aufhören, dein Freund zu sein.
Wenn er da ist, verschwinden Angst und Traurigkeit schnell.

– 5. Mose 31,8

Wir können uns auch in deinen Träumen treffen.
Erinnerst du dich an irgendeinen Traum?
Du kannst in deine Träume zurückkehren,
auch wenn du nicht mehr schläfst.
Wenn du dir einen aussuchst,
kannst du mich darin entdecken.

Sieh dich um.
Was tue ich?
Pass auf und hör zu.
Vielleicht wirst du dich wundern.

Ich träumte von einer Treppe,
die von der Erde bis hoch zum Himmel reichte.
Die Engel stiegen darauf auf und ab,
und Gott stand ganz oben auf der Treppe.

– 1. Mose 28,12-13

Und weißt du was?
Sogar in deinen Albträumen kann ich dir begegnen.
Wenn du nachts aufwachst,
weil du etwas Schlimmes geträumt hast,
ruf mich einfach. Ich werde dir antworten.
Die Dunkelheit wird dir keine Angst einjagen,
wenn du daran denkst, dass sie nur mein Schatten ist.

Erinnerst du dich an einen Albtraum, den du einmal hattest?
Was kam darin vor?

Versuch mich darin zu entdecken.
Ich helfe dir, wenn du willst.
Beobachte, was ich tue.

Ich liebe es, Menschen zu retten.

Wenn du unter Gottes Schutz lebst,
kannst du in seinem Schatten ausruhen.
Du brauchst dann keine Angst zu haben vor den Gefahren der Nacht.

– Psalm 91,1 und 5

Wenn du mich siehst, egal wo: Das nennt man Glauben.
Glauben ist: sehen, was ich deinem Herzen zeige.
Glauben ist: hören, was ich deinem Herzen sage.
Glauben ist: alles annehmen, was ich dir zeige oder sage,
auch schon, bevor es geschieht,
weil ich immer die Wahrheit sage.

Glauben hilft dir,
mich immer besser zu hören und zu sehen.
Fällt es dir jetzt schon leichter,
mich zu hören und zu sehen?

Glauben bedeutet: sehen, was du mit dem Herzen erhoffst,
und wissen, dass es geschehen wird.

– Hebräer 11,1

Wenn wir uns treffen, wie kannst du dann wissen,
dass ich es wirklich bin?
Ganz einfach!

Wenn du etwas siehst oder hörst, wodurch du
andere Leute oder dich selbst hasst,
dann bin ich es nicht.

Wenn du etwas siehst oder hörst, wodurch du
Angst bekommst oder dich schämst,
dann bin ich es nicht.

Und wenn du etwas siehst oder hörst, weswegen du
dich vor mir verstecken willst –
richtig geraten: Das bin ich auch nicht.

Keiner ist so wie ich!

Höre immer auf Gott. Denke nicht, dass es dumm ist, was du hörst.
Aber pass gut auf und beachte nur das Gute.
Den Rest kannst du rausschmeißen.

– 1. Thessalonicher 5,19-22

7
6
5
4
POLI

Was ich sage, ist richtig und wahr.
Es hilft dir, mich und andere Menschen zu lieben.
Es hilft dir auch, andere aufzumuntern,
wenn sie sich schlecht fühlen,
oder dich für sie einzusetzen, wenn das sonst niemand tut.
Was ich sage, macht dich stark und tröstet dich,
es gibt dir Freude und Frieden.

Auch durch Überlegen kannst du herausfinden, ob ich es bin.
Vergleiche, was du in deinem Herzen hörst,
mit meinem Buch, der Bibel: Passt das zusammen?
Passt es zu dem, was ich anderen Menschen sage,
die mich kennen?

Wenn du dir nicht sicher bist, ob ich es bin, dann frage einfach!

Was Gott sagt, stimmt immer hundertprozentig.
Er fordert uns auf, Frieden zu suchen und immer freundlich zu sein.
Gott zeigt uns, wie wir mit anderen im Frieden leben,
wie wir lieb zu ihnen sind und wie wir ihnen Gutes tun.
Er bringt uns bei, wie man zu jedem fair und ehrlich ist.

– Jakobus 3,17

Vergiss nicht: Ich bin dein Freund,
du kannst mich also alles fragen.

Zum Beispiel kannst du mich fragen:

Was findest du gerade ganz toll? Warum?
Worüber bist du gerade traurig? Warum?

Wann hast du das letzte Mal mit mir gelacht? Worüber?
Wann hast du das letzte Mal um mich geweint? Warum?

Was gefällt dir am besten an mir?
Was siehst du in mir?

Wenn wir uns im Himmel treffen,
was wirst du mir als Erstes sagen?

Ich kann es kaum erwarten, dir das zu erzählen!

Gott ist ein Freund, der uns nähersteht als ein Bruder.

– Sprüche 18,24

Es macht Spaß, mit dir zusammen zu sein.
Danke, dass du dir die Zeit genommen hast,
mir zuzuhören und mir zu erzählen,
was in deinem Herzen ist.

Vergiss nicht:
Das können wir immer und überall tun.
Öffne nur deine Herzensaugen und -ohren,
ich bin da.
Wir machen wieder was zusammen,
denn wir sind ja Freunde.

Danke, dass du mein Freund bist!

Die Freunde von Jesus warten auf ihn.
Sie freuen sich sehr, wenn sie seine Stimme hören.

– Johannes 3,29

LEBENSWEG
LORD 1

# Hörendes Gebet mit Kindern

*Gott hat Geheimnisse, aber das, was er uns mitteilt, gehört für immer uns und unseren Kindern, damit wir in allem gehorchen können, was er uns sagt.*

– 5. Mose 29,28

*Jesus sagte: „Ich preise dich, Vater, Herrscher des Himmels und der Erde, denn du hast deine Geheimnisse vor den Menschen verborgen, die meinen, sie wüssten so viel, aber den kleinen Kindern hast du sie zugeflüstert. Warum, Vater? Einfach weil es dich glücklich macht!"*

– Matthäus 11,25-26

*Jesus rief ein kleines Kind zu sich. Er sagte: „Das stimmt: Wenn ihr nicht werdet wie kleine Kinder, werdet ihr nie ins Himmelreich kommen."*

– Matthäus 18,2-3

## VERWÜSTETE GÄRTEN

Mein Sohn Dominic, der damals vier Jahre alt war, krabbelte auf meinen Schoß und kuschelte sich an mich. Wir saßen in der vordersten Reihe in der Kapelle einer Bibelschule. Ich hatte dort während der Orientierungswoche gelehrt und wollte gleich meinen letzten bescheidenen Beitrag leisten. Gegen Ende der Anbetungszeit fragte ich Domo: „Was zeigt dir Gott über diese Studenten hier?" Über meine Schulter hinweg ließ er kurz den Blick durch den Raum schweifen und erwiderte: „Gott sagt mir, dass der Garten von manchen kaputt gemacht ist." Ich war verblüfft über diese Metaphorik. Im Hohelied ist der Garten ein spezifisches Symbol für die Sexualität einer Frau (Hohelied 4,12-5,1). In dem Kontext stellt ein verschlossener Garten die Jungfräulichkeit der Braut dar. Ihre Einladung an den Liebhaber, in ihren Garten zu kommen und seine Früchte zu kosten, ist ein Bild für den beidseitigen Wunsch nach Geschlechtsverkehr. Davon wusste Domo natürlich überhaupt nichts. Aber für mich war das Bild des zerstörten Gartens (d. h. der sexuellen Zerbrochenheit) so auffällig, dass ich darauf einging. „Was will Jesus daran tun?" Er antwortete: „Jesus will neue Blumen in ihren Garten pflanzen." Darunter verstand ich das Wiederherstellen von Unschuld. Am Ende meiner Predigt gab ich den Studenten Dominics Botschaft weiter, interpretierte sie aber nicht. Mehrere junge Frauen kamen danach zu mir und meiner Frau und bekannten unter Tränen, dass das Bild sie betraf. Es hatte dem Vater gefallen, sein Wort zu einem verborgenen Problem durch den Mund eines Kindes zu offenbaren.

## *Elternaufgabe*

Nach der Lehre der Heiligen Schrift sind Eltern verantwortlich, ihre Kinder zu einer vertrauten Freundschaft mit Gott anzuleiten. Mehr als jeder andere müssen Mutter und Vater ihren Kindern beibringen, dass Gott zu ihnen spricht.

> Hütet euch davor, etwas von dem, was ihr gesehen habt, zu vergessen! Erinnert euch euer Leben lang daran, und erzählt es euren Kindern und Enkeln weiter! (5. Mose 4,9 Hfa)
>
> Bewahrt deshalb diese Worte im Herzen! Denkt immer daran! Schreibt sie zur Erinnerung auf ein Band, und bindet es um die Hand und die Stirn! Bringt die Gebote euren Kindern bei! Redet immer und überall davon, ob ihr zu Hause oder unterwegs seid, ob ihr euch schlafen legt oder aufsteht! (5. Mose 11,18-19 Hfa)

Kinder hören den Herrn leichter als jeder andere. Tatsächlich finde ich nur eine Blockade in ihnen, und das ist der Unglaube ihrer Eltern. Wenn wir davon ausgehen, wie Kinder es oft tun, dass Gott bereits zu ihnen spricht, können wir ihnen helfen, sich besser auf seine Stimme einzustellen.

Das wurde mir deutlich, als mein Freund Phil einmal mitbekam, wie sich sein fünfjähriger Sohn Richard im Kinderzimmer mit einem erwachsenen Mann unterhielt. Aufgeschreckt durch die Stimme, steckte Phil den Kopf durch die Tür, um zu sehen, wer da ins Haus eingedrungen wäre. Richard stand allein im Zimmer. Phil blickte umher. „Wer hat da gerade mit dir geredet?“

„Gott“, antwortete Richard, als ob das normal wäre.

Und das ist mein Punkt: Es *ist* normal. Wenn Kinder den Herrn *nicht* mehr (jawohl, nicht *mehr*) hören können, liegt das normalerweise an einem Erwachsenen, der sie unbeabsichtigt um diese Fähigkeit gebracht hat.

Ich will Ihnen nun kreative geistliche Übungen und Vorschläge unterbreiten, die Ihnen hoffentlich helfen, in Ihren Kindern ein „hörendes Herz“ zu erhalten und zu entwickeln, sei es zu Hause, in der Gemeinde oder wo auch immer.

## *1. Gehen Sie davon aus, dass Ihr Kind Gott bereits hört.*

Je eher Sie erwarten, dass Ihr Kind Gottes Gegenwart und Stimme verspürt, desto weniger wahrscheinlich werden Sie seine geistlichen Augen und Ohren verschließen. Denken Sie daran, dass Kinder ihre Fantasie einsetzen (die für erwachsene Ohren ganz schön wild klingen kann), aber das ist der Ort, an dem sie Jesus begegnen wollen. Und er wird ihnen begegnen. Meine Nichte Cassei trifft sich mit Jesus auf einem Riesen-Fantasielutscher, Dominic in einem gedachten Streichelzoo. Ihre anfängliche

Skepsis wird dahinschmelzen, wenn Sie die tiefgehenden und vertrauten Gespräche hören, die daraus erwachsen.
Zu Beginn könnten Sie eine Wahrheit der Schrift nennen und Ihrem Kind dazu eine Frage stellen. Beispiel:

- Gott ist jetzt hier bei uns im Zimmer. Wo siehst du ihn? Was tut er? Wie sieht er aus? (Gehen Sie im Glauben davon aus, dass das Kind es weiß.)
- Gott spricht die ganze Zeit zu uns. Was sagt er dir? Was zeigt er dir? Wie fühlt er sich gerade?
- Sie müssen vielleicht erklären, dass das Kind Gott mit seinem Herzen hören oder sehen *kann*, auch wenn es ihn nicht mit den Augen sieht und mit den Ohren hört. Also, was tut er? Was sagt er in deinem Herzen?

## 2. Schlagen Sie Ihrem Kind vor, Jesus an einem Treffpunkt zu begegnen.

Ich hoffe, Sie sind von der Wahrheit und Notwendigkeit überzeugt, unter Beten die Begegnung mit einem lebendigen Freund zu verstehen. Ich glaube, jedes Kind kann und sollte angeleitet werden, Jesus als seinen besten Freund kennenzulernen und mit ihm an allen möglichen Treffpunkten zusammenzukommen.
Gehen Sie wieder im Glauben davon aus, dass Jesus Ihrem Kind begegnen wird (und ihm wahrscheinlich schon begegnet ist). Machen Sie das nicht zum Thema. Fangen Sie mit der Wahrheit an, dass er ihm begegnen will. Die Frage ist, wo. Antwort: „Überall, wo das Kind es sich vorstellen kann." Hier einige Fragen für den Einstieg:

- Jesus lebt in deinem Herzen. Wie sieht es dort aus? Du kannst ihm ja überall begegnen. Wie stellst du dir euren Treffpunkt vor? Was tut Jesus dort? (Tipp: Lassen Sie das Kind doch diesen Ort zeichnen oder malen – wunderbar!)
- Jesus ist dir ganz nah, im Haus, im Kinderzimmer, auf dem Hof, in der Schule, überall. Wo ist er jetzt gerade? Was macht er? Was sagt er?
- Jesus begegnet uns in der Gemeinde. Wo ist er? Was tut er? Gibt es heute hier Engel (sehr häufig)? (Tipp: Lassen Sie das Kind seine Vorstellung über das Geschehen während der Anbetungszeit malen.)
- Jesus will dir in deiner Lieblings-Bibelgeschichte begegnen. In welcher? Wo ist er? Was tut er? Was sagt er? Bringen Sie Ihrem Kind bei, mithilfe seiner Fantasie in biblische Geschichten „einzutreten".

Unser zweiter Sohn, Justice, fragt gern: „Papa, können wir wieder so eine Bibelgeschichte durchnehmen, in die wir reingehen?" Seine Lieblingsepisode ist die, wo Jesus im Fischerboot schläft. Wenn ich Justice die Geschichte vorlese oder erzähle, mache ich nach jedem Satz eine Pause und bitte ihn zu beschreiben, was er sieht. Zum Beispiel: „Jesus und seine Jünger waren auf dem See, da kam ein Sturm auf. Justice, kannst du das Boot sehen? Wie sieht es aus? Wie sieht der See aus? Erzähl mir was von dem Sturm. Was machen die Jünger?“ Justice entscheidet immer, er wolle besser mal Jesus aufwecken gehen. Er findet ihn schlafend, weckt ihn auf und sieht zu, wie Jesus den Sturm stillt. Und jetzt kommt's: Dann fragen wir Jesus, ob es noch irgendetwas gibt, was er Justice sagen möchte. Ohne Ausnahme hört und sieht Justice den Herrn Verheißungen und Segen aussprechen, in einem Strom reinster Offenbarung. Es ist so etwas Kostbares, das Herz des Herrn für unsere Söhne zu erleben, wann immer wir diese Übung durchführen.

### 🔊 *Auf Empfang gehen*

Als Eltern oder wenn Sie sonst irgendwie mit Kindern zu tun haben, versuchen Sie eine Einstiegsübung. Bitten Sie die Kinder, die Bibelgeschichte auszuwählen. Dann schlagen Sie ihnen jeweils vor, Jesus zu suchen, zu ihm zu gehen, ihn zu berühren, mit ihm zu sprechen und auf ihn zu hören. Das ist nicht nur wie ein Film, den sie ansehen. Es ist ein echtes Treffen, an dem die Kinder teilnehmen. Es wird Sie überraschen, welche wunderbaren Wahrheiten an die Oberfläche kommen.

## *3. Machen Sie aus dem Gute-Nacht-Gebet ein „hörendes Gebet“.*

Die meisten Eltern beten gewohnheitsmäßig gewisse Standardgebete mit ihren Kindern, wenn sie sie ins Bett bringen. Es ist nicht schwer, diese Rituale in dreiseitige Gesprächsgebete zwischen Ihnen, Ihrem Kind und Jesus zu ändern. Sie fragen, der Herr gibt Ihrem Kind die Antwort, und Ihr Kind sagt sie Ihnen. Dieser Ablauf kann sich zu einem natürlichen Muster für das Gebet in der Familie entwickeln. Hier einige Einstiegsfragen, mit denen Sie es vielleicht einmal ausprobieren möchten:

- Jesus, gab es heute etwas, wofür wir dir danken könnten? Warum?
- Gab es etwas, für das wir um Entschuldigung bitten müssen? Vergibst du mir bitte?
- Gibt es etwas, wofür wir beten sollten? Wie? (Hierfür sind Fotoalben von Familie, Freunden und Missionaren eine große Hilfe, ebenso wie Atlanten oder Missionshandbücher, die Kindern einen Blick für die ganze Welt vermitteln können.)
- Tragen wir irgendwelche *Lasten*, die du uns abnehmen möchtest? Wenn ja, fragen Sie Jesus, woher die Lasten kommen, worum es sich handelt, und bitten Sie ihn, sie zu übernehmen.
- Jesus, hast du *Verheißungen oder Segnungen* für mich, bevor ich einschlafe?
- Bonusfrage: Jesus, was war das Schönste an *deinem* Tag? Was hat *dich* glücklich gemacht?

Jahrelang konnte mein Sohn Stephen schlecht schlafen. Mit acht wälzte er manchmal die ganze Nacht über Sorgen und brachte sich damit um die Ruhe. Häufig lag er mehrere Stunden wach im Bett, bevor er endlich einschlief. Aber seit dem Wochenende, an dem er dem Herrn begegnete, schläft er innerhalb von zehn Minuten ein. Wir fragten nach dem Geheimnis. Er sagte, er habe sich etwas ausgedacht: Die ganzen Probleme des Tages sammelt er im Gebet und packt sie in einen kleinen Rucksack. Dann geht er zum Kreuz, sucht Jesus dort und gibt ihm den Rucksack. Den setzt der Herr auf den Boden und zündet ihn an. Das Bild des lebendigen Christus am Kreuz ist der Ruheort für Stephens Sorgen und seinen müden Kopf.

### *4. Bitten Sie Jesus in Albträume und nächtlichen Schrecken hinein.*

Kinder scheinen mit weit offenen geistlichen Fenstern geboren zu sein. Man muss nicht lange fahnden, um Engelgeschichten von sehr kleinen Kindern zu hören. Unser zweiter Sohn Justice sieht immer wieder Engel, die in unserem Haus oder draußen in den Bäumen sind oder die neben unserem Auto herlaufen. Natürlich klagen Kinder nachts auch häufig über „Monster" in ihrem Zimmer. Nächtliche Schrecken, Albträume, Monster unter dem Bett oder im Schrank lassen sich, eine ernährungs- oder gesundheitsbedingte Ursache ausgeschlossen, häufig erklären als:

- tatsächliche geistliche Bedrückung,
- eingebildete Projektionen echter Ängste,
- ärgerliche Bettzeit-Hinauszögerungstaktik.

Häufig aktivieren die Ängste eines Kindes seine Vorstellungskraft, damit es länger aufbleiben kann. Statt das Kind zu ermahnen, weil es etwas glaubt, was nicht real ist, finde ich es viel hilfreicher, Jesus ins Zimmer zu bitten, damit er sich um die Monster kümmert. Ich bitte den Herrn, unseren Kindern die Engel zu zeigen, und fordere sie auf, das Haus zu reinigen. Das ist aus zwei Gründen sehr wichtig.
Zunächst einmal: Sollten die Monster tatsächlich nur eine Projektion der kindlichen Ängste sein, warum sollte man dann nicht die Angst verjagen statt sie nur zu unterdrücken? Und wer könnte Angst besser mit Stumpf und Stiel ausreißen als der Herr, Jesus, der gerne auch die Vorstellungskraft der Kinder benutzt, um Frieden zu wirken? Er bringt ihnen mit Vorliebe bei, kein Böses zu fürchten, indem sie „seine Gegenwart praktizieren".
Zweitens: Wenn die Monster tatsächlich unreine Geister sind, die das Kind durch seine geistlichen Fenster wahrnimmt, dann wird die „Gibt's doch gar nicht"-Botschaft eine schlimme Frucht hervorbringen. Sie ignoriert die wirkliche Bedrückung des Kindes und lässt es mit der Angst allein. Schlimmer noch, sie hält das Kind davon ab, den Herrn oder seine Engel zu Hilfe kommen zu sehen.

Diane ist nur eine von vielen meiner Freunde, die ihre Kindheit hindurch unter dieser Botschaft litten. Als Vorschulkind begann sie nachts mit offenen Augen Monster in ihrem Zimmer zu sehen. Als sie ihren Eltern davon erzählte, brachten die nie Jesus oder seine Engel mit dem Problem in Zusammenhang, sondern bestraften Diane oder stritten ab, was sie sagte. Die Botschaft, die Diane hörte, war: „Du siehst etwas, was es nicht wirklich gibt.“ Es wurde ihrer „blühenden Fantasie“ zugeschrieben. Diane zweifelte an ihrem Verstand und versuchte so zu tun, als gäbe es die Monster nicht. Aber die bösen Bilder ließen nicht von ihr ab – *bis ins Erwachsenenalter hinein!* Die „Gibt’s doch gar nicht“-Botschaft konnte Diane nicht von dem Bösen befreien. Andererseits aber schuf sie einen Filter in ihr, mit dem sie das Gute ausblendete. Es wurde für sie viel leichter und selbstverständlicher, dämonische Geister zu sehen, als den Herrn wahrzunehmen. Inzwischen empfängt Diane Gebet für das Problem und wird langsam wieder zurechtgebracht. Erst jetzt, als Mittdreißigerin, ist ihr die Gegenwart Jesu und seiner Engel um sie bewusst.

In allen diesen Fällen ist hörendes Beten eine angemessene und effiziente Art, Probleme zu lösen. Wir streiten nicht ab, was die Menschen erfahren. Wir bitten Jesus hinein. Wir fragen ihn, wer die Monster sind, woher sie kommen, und was er mit ihnen tun will. Wenn die Schwierigkeiten nicht aufhören, scheue ich auch nicht vor anderen Maßnahmen zurück, aber zunächst einmal knöpfe ich mir das Monster vor, nicht das Kind. Zum Beispiel: „Jesus, kann es zurückkommen? Wenn es versucht wiederzukommen, was willst du dann mit ihm machen, Jesus?“ Abschließend sprechen wir eine Wahrheit über dem Kind aus: „Jesus ist jetzt hier und du kannst ihn mit unter deine Decke nehmen. Du bist vollkommen sicher. Gute Nacht.“

### 5. Bringen Sie Konflikte aus Schule und Zuhause zu Jesus.

Wenn die Kinder einen schweren Tag in der Schule hatten, wollen wir möglichst sofort davon hören, sobald sie nach Hause kommen. Gab es Schwierigkeiten mit einem Lehrer oder mit Mitschülern, führen wir jeweils ein Miniprogramm „Innere Heilung“ mit unserem Kind durch, ebenso bei Konflikten zu Hause unter den Brüdern oder mit Eden und mir als Eltern. Wir kommen zusammen vor den Herrn, suchen ihn in der Situation und begegnen ihm am Kreuz.

- Was ist passiert? Wie fühlst du dich deswegen? Warum?
- Wo war Jesus, als das passierte? Was tat oder sagte er?
- Möchtest du, dass Jesus die Verletzung und die Wut wegnimmt?
- Bitte Jesus, dich die anderen durch seine Augen sehen zu lassen. Kannst du diese Leute zum Kreuz bringen und dort lassen?
- Müsstest du für irgendetwas um Entschuldigung bitten?
- Hat Jesus in dieser Situation eine Verheißung für dich?

### 6. Helfen Sie Ihren Kindern, Träume zu deuten.

Wir hören gerne, was die anderen geträumt haben. Oft wecken uns die Kinder morgens und setzen sich auf unser Bett, um ihre nächtlichen Eskapaden zu beschreiben. Es macht Spaß, mit Jesu Hilfe diese Träume zu deuten. Wir fragen ihn, wofür die Symbole in dem Traum stehen und was er uns für diesen Tag sagen will. Mit solchen Fragen an Jesus, was jedes Ding und jede Person darstellt, bleiben wir im intuitiven Bereich (rechte Gehirnhälfte). Diese Art Traumdeutung fällt viel leichter als die analytische Herangehensweise mit Traum-Lexikon. Gehen Sie davon aus, dass die Kinder Jesu Interpretation hören, ohne sie auch nur durchdenken zu müssen. Der allererste Gedanke, der ihnen in den Sinn kommt, wenn wir Jesus eine Frage stellen, ist normalerweise genau richtig.

### 7. Beziehen Sie hörendes Gebet in die Sonntagsschule ein.

In unserer Gemeinde *Fresh Wind* praktizieren wir das hörende Gebet in allen Sonntagsschulgruppen. Jedem Kind wird beigebracht, wie es einen Treffpunkt mit Jesus finden kann und wie es in eine biblische Geschichte hineintritt, und wir geben ihm zwei oder drei Fragen an die Hand, die es Jesus darin stellen könnte. Die älteren Kinder, die in unseren Sonntagsschulgruppen unterrichten, bekommen eine Planungshilfe für ihre Stunden, nach der die Vorbereitung eine Übung im hörenden Gebet ist. So sieht sie aus:

- Lies den Abschnitt. Bitte Jesus, deutlich zu machen, welche Verse er betonen möchte. Frage Jesus: „Was ist der wichtige Punkt an dieser Geschichte?“
- Lerne die Geschichte so gut, dass du den Kindern deiner Gruppe helfen kannst, in die Geschichte hineinzutreten.
- Bitte Jesus, dir zu zeigen, wo du diesen wichtigen Punkt selber erlebt hast. Wo war Jesus dabei? Was tat er?
- Bitte Gott um Fragen, die die Gruppe ihm gemeinsam stellen kann.

Unabhängig vom Thema üben die Kinder jede Woche ihre Fähigkeit, Gottes Stimme zu hören, ihr zu gehorchen und sich entsprechend zu verhalten.
Mein Sohn Stephen benutzte diese Planungshilfe, um die Altersgruppe vom Kindergarten bis zur dritten Klasse über die zehn Aussätzigen zu unterrichten. Als er die Geschichte las, machte Gott ihm deutlich, wie wichtig es ist zu danken, wenn man Jesus um Heilung bittet. Auf dem Weg zum Gottesdienst bekam Stephen allerdings so schlimme Kopfschmerzen, dass er weinen musste und meinte, seine Stunde gar nicht halten zu können. Vor dem Gottesdienst beteten wir für ihn, während er sich darauf beschränkte, Gott zu danken und ihn zu loben (d. h., er machte das, was er den Kindern beibringen wollte). Nach zwei, drei

Minuten bezeugte er, sein Schmerz sei „von 10 auf 7 gesunken". Im Gottesdienst lobte er den Herrn weiter mit zwei Liedern, dann empfing er das Abendmahl. Die Kopfschmerzen verschwanden völlig.
Nach der Anbetungszeit ging Stephen mit seiner drastisch aktualisierten Illustration der Lektion in die Sonntagsschule. Er lehrte über die zehn Aussätzigen, erzählte von seiner Erfahrung und brachte die Kinder dann wieder in den Hauptgottesdienst. Nach meiner Predigt wanderte die Gruppe von kleinen Fürbittern durch den Raum und fragte Jesus, wer Heilungsgebet brauche. Sie umringten eine Person nach der anderen und beteten für sie, wie Gott sie führte. – An meine Predigt wird sich kein Mensch erinnern. Aber das Bild dieser Kinder, die sich um die Kranken und Behinderten drängten und einmütig für sie beteten, werden wir lange nicht vergessen.

### *Ein Geheimnis zum Abschluss*

Die Eltern unserer Gemeinde haben begonnen, ihre Kinder mit hörendem Beten zu Bett zu bringen, und daraus entwickelte sich ein Trend: Der Herr spricht zu den Kindern, und diese geben die Geheimnisse des Gottesreichs, die er ihnen sagt, an uns weiter. Gemäß seinem Wort (Matthäus 11,25) offenbart Jesus unseren kleinen Kindern das „Verborgene". Nur mit kindlichem Vertrauen werden wir je in diese Geheimnisse des Gottesreichs eindringen. Deshalb rate ich Folgendes:
Ihre Kinder hören Gott. Öffnen Sie sich selbst dafür, und Ihr Kind wird es ebenso tun. Wenn es zu dem Herrn ruft, antwortet er. Jede Seite an Erkenntnis, die Sie in den Worten Ihrer Kinder lesen, entspricht einem ganzen Buch, das der Herr in sie geschrieben hat. Wenn Sie lernen, Gottes Stimme durch Ihre Kinder zu hören, sind die Geheimnisse des Gottesreichs nicht weit. Warum? Weil ihnen das Reich der Himmel gehört. Was nicht empfangen wird, ist nicht gegeben. Aber die, die empfangen, „werden von einem kleinen Kind geleitet" (siehe Jesaja 11,6).